EINFACH *genial* GRILLEN

Spieße

IMPRESSUM

HEEL Verlag GmbH
Gut Pottscheidt
53639 Königswinter
Tel.: 02223 9230-0
Fax: 02223 9230-13
E-Mail: info@heel-verlag.de
Internet: www.heel-verlag.de

Autor: Oliver Sievers
Projektleitung: Christine Birnbaum
Satz und Gestaltung: Christine Mertens, Sabine Vonderstein
Fotos: © Volker Debus
© Adobe Stock: peekeedee, daizuoxin, mamamaria, Maria. Epine, Olga Serova, Wonder-studio

Printed in Latvia

ISBN 978-3-96664-350-4

EINFACH *genial* GRILLEN

Spieße

MIT GRILLWELTMEISTER

Oliver Sievers

HEEL

SIEVERS

Inhalt

APPETIZER

SATTMACHER

WAS SÜSSES

RUBS · SAUCEN · DIPS

Hallo Grillfreunde,

wenn man eine Grillparty plant, kommt immer die Frage nach der Auswahl an Speisen auf. Was soll es in welcher Reihenfolge geben, und wer kümmert sich um die Vor- und die Zubereitung? Ich entscheide mich da sehr häufig für die verschiedensten Varianten von Grillspießen. Schaschlik und Co. kann man sehr gut vorbereiten und ist sehr variabel, was Zutaten und Würzung angeht. Die Vorbereitung kann gut am Vormittag oder auch am Abend vorher geschehen, gegrillt sind die meisten Spieße auch recht schnell, und das ohne besonderen Grill oder irgendwelches Zubehör. Es gibt sie mit Fleisch oder Fisch, und natürlich auch vegetarisch oder vegan. Je nach Anlass der Party oder der Zusammensetzung der Gäste, können Spieße als elegantes Fingerfood oder als deftiger Fleischspieß serviert werden. Ob als Appetizer, Vorspeise, Hauptgericht oder Beilage, Zwischenmahlzeit oder Dessert – alles ist möglich. Gerichte vom Spieß gibt es überall auf der Welt, auf allen Kontinenten und in den verschiedensten Kulturen. Sie

haben ein besonderes Flair, sind ursprünglich und wahrscheinlich eine der ältesten Zubereitungsmethoden für Speisen in der Menschheitsgeschichte. Ein offenes Feuer und einen frischen Ast, mehr braucht es eigentlich nicht. Natürlich haben unterschiedlich große und breite Spieße und moderne Grillsysteme durchaus ihre Vorteile.
Ich persönlich mag gerne breite, flache Spieße, lieber etwas zu groß als zu klein, oder sogar Doppelspieße mit zwei parallelen Spießen an einem Griff. Dort finden auch große Stücke Fleisch oder Fisch guten Halt, ohne sich darauf drehen zu können, außerdem sehen große Spieße ziemlich beeindruckend und cool aus.
In diesem Buch habe ich die unterschiedlichsten Rezepte zusammengestellt, die ich bei Grillkursen, Veranstaltungen oder zuhause für Gäste zubereitet habe. Das Feedback war immer sehr positiv, unkompliziertes Essen passt einfach zu jeder Gelegenheit. Meistens reichen 2 oder 3 Zutaten, oder eine besondere Marinade, und schon sind die Gäste kulinarisch begeistert.
Bei den Rezepten in diesem Buch habe ich häufig nur Temperaturbereiche angegeben, denn Spieße sind so herrlich einfach zu handhaben, dass es keine genauen Temperaturen braucht.

Niedrige Temperatur: ungefähr 150–190 °C
Mittlere Temperatur: 190–230 °C
Hohe Temperatur: alles darüber

Es kommt bei der Frage, wie heiß Feuerstelle oder Grill sein sollten, auch stark auf die Größe der Stücke und die Art der Zutat an. Beim Lagerfeuer kann man es ohnehin nicht wirklich steuern, also einfach drauf losgrillen und den gesunden Menschenverstand nutzen.
Ich benutze übrigens fast nur Metallspieße, denn die sind dauerhafter und brennen auf dem Grill nicht an.
Wie immer bei mir sind die Rezepte nur sehr leckere und gut funktionierende Vorschläge. Auf einem Spieß ist fast alles kombinierbar und auf den Geschmack der Gäste anzupassen. Gerade bei Zutaten wie z. B. Knoblauch, Chili oder Koriander geht der Geschmack der Gäste häufig weit auseinander.

Aber seid ruhig mutig beim Würzen, denn niemand erinnert sich an langweiliges Essen.

Ich wünsche euch viel Spaß beim Nachgrillen

Oliver Sievers

FÜR JEDES GERICHT DER PASSENDE SPIESS

GRILLZUBEHÖR

Wender für Plancha- und Grillplatten, Grillzange, Fleischgabel

TRAMONTINA
CHURRASCO

Schneid- und Servierbretter
aus FSC-zertifiziertem Teakholz
mit extra tiefer Saftrille

GREEK FIRE
GREEK FIRE

GREEK FIRE
PREMIUM OLIVENÖL
NATIVES OLIVENÖL
EXTRA
EXTRA VIRGIN
OLIVE OIL
KALTGEPRESST
1 L
PREMIUM
OLIVENÖL

NICHT NUR AUF DEM GRILL
ODER AM LAGERFEUER …

Grillfass –

IDEAL ZUM SPIESSGRILLEN

... AUCH AUF DEM GRILLFASS LÄSST ES SICH WUNDERBAR MIT SPIESSEN GRILLEN.

GRILLAUFSÄTZE ZUM SPIESSGRILLEN

Das Grillen mit Spießen ist nicht nur gesellig, es ist auch wunderbar einfach. Mit den Aufsätzen für Gas- oder Kugelgrill wird es noch ein bisschen einfacher … Die stabilen Edelstahlgestelle halten die Spieße fest in der gewählten Position. Zum gleichmäßigen Garen dreht man den Spieß einfach weiter – und kann sicher sein, dass er nicht verrutscht und damit eine Seite anbrennt.

RECHTECKIGER GAS- ODER HOLZKOHLEGRIL

Je nach Größe des Grills kann es notwendig sein, den Rahmen etwas auf die Maße anzupassen. Das Handling ist denkbar einfach – und das Ergebnis lecker …

RUNDER GAS- ODER HOLZKOHLEGRIL

Auch für den runden Grill gibt es einen Spießaufsatz, der ganz einfach zu montieren ist.

APPETIZER

GLASIERTE Chorizo-Spiesse

4 Portionen

800 g Chorizo, roh

50 ml Honig

4 Frühlingszwiebeln

1 Chilischote

Zubereitung

1 | Die Chorizo in ca. 4 cm lange Stücke schneiden. Alternativ kleine Würste ganz lassen.

2 | Das Weiße der Frühlingszwiebeln in ca. 3 cm lange Stücke schneiden.

3 | Abwechselnd Frühlingszwiebeln und Wurst auf Spieße stecken.

4 | Über direkter, hoher Hitze scharf angrillen und 5–10 Minuten garen.

5 | Dann im indirekten Bereich des Grills platzieren und die Oberseite mit dem Honig glasieren.

6 | Das Grüne der Frühlingszwiebeln und die Chili in feine Ringe schneiden und über die Spieße verteilen.

7 | Kurz im Grill ziehen lassen und mit etwas Baguette servieren.

Saltimbocca

4 Portionen

8 dünn geschnittene Kalbsschnitzel

8 Scheiben Parmaschinken

8 Blätter Salbei

Salz und Pfeffer

50 g Parmesan

Zubereitung

1 | Die Schnitzel dünn ausklopfen und leicht mit Salz und Pfeffer würzen.

2 | Den Salbei auflegen und dann mit dem Schinken abdecken.

3 | Möglichst flach auf die Spieße stecken und auf dem Grill kurz von beiden Seiten kräftig über direkter, hoher Hitze anrösten und dann in den indirekten Bereich des Grills legen.

4 | Etwas Parmesan über die Saltimboccas reiben und für 3 Minuten gratinieren.

TRAMONTINA

Grill-
FACKEL

4 Portionen

ca. 800 g Bauchfleisch ohne Schwarte, in ca. 5 mm dicke Scheiben geschnitten

5 EL BBQ Rub für Schwein (Rezept Seite 132)

Zubereitung

1 | Die Scheiben Bauchfleisch von beiden Seiten mit dem BBQ Rub würzen und im Kühlschrank für ca. 4 Stunden ziehen lassen.

2 | Ein Ende des Bauchfleischs auf den Spieß stecken und die Scheibe dann um den Spieß wickeln, am Ende wieder feststecken.

3 | Am besten breite Spieße verwenden, dann bleibt das Bauchfleisch besser in Position.

4 | Über direkter, hoher Hitze ca. 5 Minute von allen Seiten stark anrösten und garen, dabei mehrfach drehen und wenden.

Steak-Spiess mit

COFFEE RUB VOM ROSMARINZWEIG

4 Portionen

600 g Steak (z. B. Rump- oder Hüftsteak)

4 EL Coffee Rub (Rezept Seite 131)

8 große Rosmarinzweige

Rapsöl

Zubereitung

1 | Das Fleisch in gleichmäßig große Stücke schneiden.

2 | Mit dem Rub würzen und für ca. 30 Minuten im Kühlschrank marinieren.

3 | Die Rosmarinzweige zu ⅔ von den Nadeln befreien, die Spitze sollte dabei die Nadeln behalten.

4 | Das dicke Ende des Zweigs mit dem Messer spitz zuschneiden und die restlichen Nadeln mit Öl einreiben.

5 | Die Fleischstücke erst mit einem Metallspieß durchstechen, dann aber durch das entstandene Loch auf die Zweige stecken.

6 | Über direkter, mittlerer Hitze von allen Seiten anrösten und medium garen, das dauert je nach Größe der Stücke nur ein paar Minuten.

Vor dem Servieren kurz ruhen lassen und mit etwas Baguette servieren.

Portugiesische ESPETADAS

4 Portionen

800 g Hüftsteak	50 ml Portwein
4 rote Zwiebeln	20 ml Rotweinessig
4 Knoblauchzehen	20 ml Olivenöl
10 Lorbeerblätter	Salz und Pfeffer, grob

Zubereitung

1 | Das Fleisch in gleichmäßig große Würfel von ca. 4 cm Kantenlänge schneiden.

2 | Knoblauchzehen fein hacken, die Zwiebeln putzen und vierteln.

3 | Alle Zutaten in eine Schüssel geben und gut miteinander vermengen. Abgedeckt im Kühlschrank über Nacht marinieren.

5 | Fleisch, Zwiebeln und Lorbeerblätter abwechselnd auf die Spieße stecken.

6 | Über direkter, hoher Hitze von allen Seiten scharf anrösten, dann die Spieße im indirekten Bereich langsam medium garziehen.

Mit etwas Brot und Mojo Rojo servieren.

REZEPT MOJO ROJO

100 ml Olivenöl
1 EL Rotweinessig
3 Knoblauchzehen
3 milde Chilischoten
1 Msp. Cumin
1 EL Paprika scharf
1 EL Tomatenmark
Meersalz
Pfeffer

Alle Zutaten in einen Mixer geben, zu einer Sauce verarbeiten und mindestens 4 Stunden ziehen lassen.

Vor dem Servieren nochmal gut umrühren und kräftig abschmecken.

Schweinefilet IM SPECKMANTEL

4 Portionen

600 g Schweinefilet

2 EL BBQ Rub für Schwein
(Rezept Seite 132)

12 Scheiben Bacon

250 ml BBQ Sauce

Zubereitung

1 | Das Schweinefilet in Stücke schneiden und mit dem BBQ Rub rundherum würzen.

2 | Die Stücke mit dem Bacon umwickeln und auf die Spieße stecken.

3 | Über direkter, mittlerer Hitze von allen Seiten anrösten, dabei öfter drehen und wenden.

4 | Dann die Spieße in den indirekten Bereich legen und mit der BBQ Sauce glasieren.

5 | Das Glasieren mehrfach wiederholen, bis das Fleisch fertig gegart ist (Kerntemperatur ca. 60 °C).

Die Spieße vom Rost nehmen und mit der restlichen Sauce servieren.

Flanksteak – PINWHEELS

4 Portionen

1 Flanksteak, 800–1000 g

100 g Provolone

100 g luftgetrockneter Schinken

50 g Rucola

Salz und Pfeffer

Zubereitung

1 | Das Flanksteak seitlich mit einem Schmetterlingsschnitt aufschneiden und aufgeklappt auf das Brett legen.

2 | Mit etwas Salz und Pfeffer würzen, dann den Rucola darüber verteilen.

3 | Käse und Schinken auflegen und dann vorsichtig zu einer gleichmäßigen Roulade aufrollen.

4 | Von der Rolle ca. 3 cm dicke Scheiben abschneiden und auf die Spieße stecken.

5 | Über direkter, hoher Hitze von beiden Seiten kräftig anrösten und medium garen.

Mit etwas Salat und Baguette servieren.

HÄHNCHEN SÜSS-SAUER *mit Paprika und Ananas*

4 Portionen

600 g Hühnerbrust

4 EL asiatische Gewürzmischung

½ Ananas

1 gelbe Paprikaschote

500 ml süß-saure Sauce (oder Sweet Chilisauce)

Zubereitung

1 | Das Fleisch in gleichmäßig große Stücke schneiden und mit der Gewürzmischung würzen.

2 | Für ca. eine Stunde im Kühlschrank marinieren.

3 | In der Zwischenzeit Ananas und Paprikaschote putzen und in passende Stücke schneiden.

4 | Fleisch, Ananas und Paprika abwechselnd auf Spieße stecken und über direkter, mittlerer Hitze anrösten und garen.

5 | In den indirekten Bereich legen und von allen Seiten mit der Sauce bestreichen.

6 | Für weitere 3 Minuten im Grill glasieren und mit der restlichen Sauce servieren.

Hähnchenkeulen

4 Portionen

8 Hähnchenkeulen ohne Rückenstück

4 EL BBQ Rub für Huhn (Rezept Seite 131)

3 EL ÖL

Zubereitung

1 | Öl und BBQ Rub vermischen und die Keulen rundherum damit würzen.

2 | Für eine Stunde im Kühlschrank ziehen lassen. Auf ausreichend große Spieße stecken.

3 | Im indirekten Bereich des Grills bei ca. 180 °C ca. 30 Minuten garen, dabei mehrfach wenden.

4 | Vom Spieß nehmen und mit etwas BBQ Sauce oder Hot Sauce servieren.

Chicken WINGS

4 Portionen

800 g Chicken Wings

4 EL BBQ Rub für Huhn (Rezept Seite 131)

100 ml BBQ Sauce

50 ml Ahornsirup

Zubereitung

1 | Die Chicken Wings am Gelenk durchschneiden und so in 2 Teile trennen.

2 | In eine Schüssel geben und mit dem BBQ Rub rundherum würzen.

3 | Für eine Stunde im Kühlschrank ziehen lassen.

4 | Auf ausreichend große Spieße stecken und über direkter, mittlerer Hitze ca. 15 Minuten anrösten und garen, dabei mehrmals wenden.

5 | BBQ Sauce und Ahornsirup vermengen und so eine Glaze herstellen.

6 | Dann die Spieße in den indirekten Bereich des Grills legen und von allen Seiten mit der Glaze bestreichen.

7 | Für weitere 5 Minuten im Grill fertig garen.

Vom Spieß nehmen und als Fingerfood servieren.

Oktopus

MIT PAPRIKA UND KRÄUTER-AIOLI

4 Portionen

ca. 500 g vorgegarter Oktopus (4 Fangarme)

1 Knoblauchzehe

4 milde Chilischoten

2 EL Olivenöl

2 EL Limettensaft

frischer Oregano

Salz und Pfeffer

Zubereitung

1 | Oktopus, Olivenöl und Limettensaft in eine Schüssel geben.

2 | Knoblauch, 1 Chili und Oregano fein hacken und dazugeben.

3 | Alles gut vermischen und mit Salz und Pfeffer würzen.

4 | Für ca. eine Stunde marinieren.

5 | Die restlichen 3 Chilischoten in 2 cm lange Stücke schneiden.

6 | Oktopus und die Chilischoten auf Spieße stecken und für ein paar Minuten von allen Seiten über direkter, hoher Hitze anrösten und garen.

Wer es weniger scharf mag, verwendet Paprika statt Chilis.

KRÄUTER-AIOLI

200 ml Mayonnaise

2 Knoblauchzehen

1 Bund gemischte, weiche Kräuter nach Wahl, z. B.

Basilikum, Petersilie, Dill oder Koriander

Salz und Pfeffer

1 Limette

1 | Knoblauch und Kräuter putzen und fein hacken.

2 | Mit der Mayo in eine Schüssel geben und gut vermengen.

3 | Mit Salz, Pfeffer und etwas Limettensaft abschmecken.

MARINIERTE Jakobsmuscheln

4 Portionen

16 Jakobsmuscheln

1 rote Paprikaschote

3 EL Mayonnaise

1 Knoblauchzehe

1 milde Chilischote

¼ Bund Petersilie

Abrieb und Saft einer Zitrone

Salz und Pfeffer

Zubereitung

1 | Knoblauch, Chili und Petersilie fein hacken und mit der Mayo in eine Schüssel geben.

2 | Die Jakobsmuscheln, Abrieb und Saft der Zitrone hinzufügen und mit Salz und Pfeffer würzen.

3 | Die Paprikaschote putzen, in passende Stücke schneiden und dazugeben.

4 | Alles gut miteinander vermengen und für ca. 1 Stunde abgedeckt im Kühlschrank marinieren.

5 | Jakobsmuscheln und Paprikastücke abwechselnd auf die Spieße stecken und über mittlerer, direkter Hitze für ca. 5 Minuten anrösten und garen.

6 | Die Muscheln sollten dabei noch etwas glasig bleiben.

Mit etwas angeröstetem Baguette servieren.

Garnelen-Tomatenspiess

4 Portionen

24 Garnelen, roh, geschält und entdarmt

16 Cherry-Tomaten

1 Knoblauchzehe

frische Kräuter, z. B. Basilikum, Petersilie, Dill oder Koriander

1 Chilischote

50 ml Olivenöl

2 EL Limettensaft

Salz und Pfeffer

Zubereitung

1 | Kräuter, Knoblauch und Chilischote fein hacken und mit den übrigen Zutaten in eine Schüssel geben und vermengen.

2 | Ca. 1 Stunde abgedeckt im Kühlschrank marinieren.

3 | Garnelen und Tomaten abwechselnd auf Spieße stecken und über niedriger, direkter Hitze ca. 5 Minuten grillen.

4 | Die Garnelen sollten nicht zu stark gegart und noch etwas glasig sein.

Mit etwas Knoblauchbrot servieren.

Zanderspiesse

4 Portionen

1 kg Zander (andere feste Fischarten gehen natürlich auch) ohne Haut und Gräten

ca. 12 Scheiben Bacon

3 EL Fisch Rub (Rezept Seite 132)

2 EL Olivenöl

2 EL Limettensaft

Zubereitung

1 | Den Zander in gleichmäßig große Stücke schneiden.

2 | Mit dem Öl in eine Schüssel geben und mit der Gewürzmischung und dem Limettensaft vermengen.

3 | 15 Minuten ziehen lassen.

4 | Den Zander auf Spieße stecken, dabei den Bacon entweder schlangenförmig mit aufspießen oder jeden Zanderwürfel mit einer Scheibe Bacon umwickeln. Dann benötigt man allerdings etwas mehr Bacon.

5 | Über direkter, hoher Hitze für 5–10 Minuten grillen, bis der Bacon leicht knusprig ist.

Mit etwas Dill-Joghurtsauce und Gemüsesprossen servieren.

REZEPT DILL-JOGHURTSAUCE

200 ml Joghurt, 10 %
½ Bund Dill
Saft einer Limette
1 EL Olivenöl
Salz und Pfeffer

Den Dill fein hacken und mit Joghurt und Olivenöl in einer Schüssel verrühren.
Mit Salz, Pfeffer und Limettensaft abschmecken.

KÜRBIS mit Parmaschinken

4 Portionen

1 Hokkaido-Kürbis

12 Scheiben Parmaschinken

Olivenöl

Pfeffer

Zubereitung

1 | Den Kürbis entkernen und 12 gleichmäßige Spalten zurechtschneiden. Nur so viel vom Kürbis nehmen, wie man braucht, aus dem Rest kann man z. B. eine Suppe oder ein Püree zubereiten.

2 | Den Kürbis mit etwas Öl benetzen und mit wenig Pfeffer würzen.

3 | Je eine Scheibe Schinken um den Kürbis wickeln und auf die Spieße stecken.

4 | Bei mittlerer, direkter Hitze von allen Seiten leicht anrösten und ca. 10 Minuten garen, bis der Kürbis weich ist.

Passt sehr gut zu einem frischen Salat mit Feta.

Wildschwein-FRIKADELLEN

4 Portionen

800 g Hackfleisch vom Wildschwein
1 Zwiebel
1 Knoblauchzehe
1 EL scharfer Senf
2 Eier
1 EL Salz
1 TL Pfeffer, geschrotet
4 Wacholderbeeren, gemahlen
1 TL Thymian, getrocknet
1 Msp. Muskat
Paniermehl

Zubereitung

1 | Hackfleisch mit Eiern, Senf, Thymian und Gewürzen in eine Schüssel geben.

2 | Zwiebel und Knoblauch schälen und fein reiben.

3 | Zum Fleisch geben und alles gut miteinander vermengen.

4 | 5 Minuten lang kneten, bis die Masse genug Bindung entwickelt hat.

5 | Eventuell mit Paniermehl die Konsistenz verbessern, die Masse sollte nicht zu weich sein.

6 | Im Kühlschrank ca. 1 Stunde ziehen lassen.

7 | Kleine Frikadellen formen und auf Spieße stecken.

8 | Im indirekten Bereich bei mittlerer Hitze erst 10 Minuten sanft garen, dann erst über der Flamme von allen Seiten anrösten.

Mit Senf und Baguette servieren.

Stockbrot

MIT BACON (ODER AUCH OHNE …)

4 Portionen

500 g Mehl (Type 405)

8 Scheiben Bacon

250 ml lauwarmes Wasser

3 EL brauner Zucker

1 Packung Trockenhefe

20 ml Olivenöl

1 EL Salz

Zubereitung

1 | Mehl, Hefe, Zucker und Salz in eine Schüssel geben und miteinander vermengen.

2 | Wasser und Öl hinzugeben und alles so lange zu einem geschmeidigen Teig verarbeiten, bis er sich leicht vom Schüsselrand löst.

3 | Abgedeckt an einem warmen Platz ca. 30 Minuten gehen lassen, bis sich das Volumen ungefähr verdoppelt hat.

4 | In 8 Portionen teilen und zu Kugeln formen, dann nochmal ca. 15 Minuten abgedeckt ruhen lassen.

5 | Die Kugeln zu Würsten formen und den Bacon längs an den Teig drücken.

6 | Um dicke Spieße oder abgeschälte, frische Äste wickeln.

7 | Über direkter, mittlerer Hitze langsam garen, bis der Bacon und das Brot goldbraun sind.

GLASIERTE Spangelspiesse

4 Portionen

400 g grüner Spargel

1–2 rote Paprikaschoten

Öl

Sesam

Teriyaki-Sauce

Salz und Pfeffer

Zubereitung

1 | Spargel putzen und in gleichmäßig lange Stücke schneiden.

2 | Paprika putzen und in schmale Stücke schneiden.

3 | Alles mit Öl benetzen und farblich abwechselnd auf die Spieße stecken.

4 | Über direkter, mittlerer Hitze von beiden Seiten je 2 Minuten leicht anrösten.

5 | Teriyaki-Sauce mit einem Pinsel auf den Spargel streichen, mit wenig Salz und Pfeffer würzen und mit etwas Sesam bestreuen.

Kurz auf dem Grill ziehen lassen und heiß servieren.

SCHARFE Zucchinispiesse

4 Portionen

1 kg Zucchini, gelb und/oder grün

2 Knoblauchzehen

2 Chilischoten, scharf

Salz und Pfeffer

50 ml Mayonnaise

2 EL Chilisauce

Zubereitung

1 | Zucchini putzen und in gleichmäßige, relativ große Stücke schneiden.

2 | Knoblauch und Chili fein hacken.

3 | Alle Zutaten in eine Schüssel geben und gut miteinander vermengen.

4 | Für ca. 2 Stunden im Kühlschrank marinieren.

5 | Auf Spieße stecken und über mittlerer, direkter Hitze von allen Seiten anrösten und garen.

Tipp

Ideal als anregende Vorspeise oder als Beilage zum Fleisch.

Gemüse-INVOLTINI

4 Portionen

- 2 Zucchini
- 2 Auberginen
- 20 kleine Cherry-Tomaten
- 200 g Frischkäse
- 100 g Feta
- 1 Knoblauchzehe
- 1 Chilischote
- 50 g gehackte Pinienkerne
- ½ Bund frische Kräuter, z. B. Basilikum, Petersilie, Dill und/oder Koriander
- Salz und Pfeffer
- Olivenöl

Zubereitung

1 | Die Zucchini und Auberginen längs in ca. 5 mm dicke Scheiben schneiden.

2 | Dünn mit Olivenöl bestreichen und auf dem Grill kurz von beiden Seiten anrösten, aber nicht komplett garen, die Scheiben müssen nur biegbar und flexibel werden.

3 | Knoblauchzehe, Chilischote, Pinienkerne und Kräuter fein hacken und mit dem Frischkäse und zerkrümelten Feta zu einer Creme vermengen, mit Salz und Pfeffer abschmecken.

4 | Die Zucchinischeiben auslegen, jeweils eine Scheibe Aubergine auflegen und mit einem EL der Creme bestreichen.

5 | Aufrollen und abwechselnd mit den Tomaten auf Spieße stecken.

6 | Die fertigen Spieße dünn mit Olivenöl bestreichen und bei direkter mittlerer Hitze ca. 5 Minuten lang grillen.

Dazu passen sehr gut ein frischer Salat und leckere Oliven.

Minirouladen
MIT FETAFÜLLUNG

4 Portionen

12 Minutenschnitzel vom Schwein

24 Scheiben Bacon

1 rote Paprikaschote

200 g Feta

BBQ Rub für Schwein (Rezept Seite 132)

Zubereitung

1 | Feta und Paprikaschote in 12 gleichmäßige Stücke schneiden.

2 | Die Minutenschnitzel sehr flach und breit klopfen.

3 | Die Schnitzel mit etwas Rub würzen und jeweils ein Stück Feta und Paprika auflegen.

4 | Die Schnitzel wie eine Roulade aufrollen und kreuzweise mit je 2 Scheiben Bacon umwickeln, dann auf die Spieße stecken.

5 | Die Rouladen von außen mit etwas Rub würzen und 15 Minuten ruhen lassen.

6 | Über direkter, mittlerer Hitze von allen Seiten anrösten und ca. 15 Minuten garen.

Mit etwas Brot servieren.

Bacon-Kartoffeln

4 Portionen

600 g Drillinge

24 Scheiben Bacon

100 g geriebener Käse, z. B. Cheddar

Salz

Zubereitung

1 | Die Kartoffeln gründlich waschen und in gesalzenem Wasser garen.

2 | Abgießen und abkühlen lassen.

3 | Die Kartoffeln jeweils mit einer Scheibe Bacon umwickeln und auf Spieße stecken.

4 | Über direkter, mittlerer Hitze von allen Seiten kross anrösten und im indirekten Bereich des Grills ca. 10 Minuten erhitzen.

5 | Etwas geriebenen Käse über die Spieße geben und im Grill schmelzen lassen.

Mit etwas Kräuterquark oder Tzatziki servieren.

Tomaten-Bacon-
SPIESSE

4 Portionen

24 Cherry-Tomaten, 2–3 cm Durchmesser

8 Scheiben Bacon

Olivenöl

Balsamico

Pfeffer, gestoßen

Zubereitung

1 | Die Tomaten auf den Spieß stecken, gleichzeitig den Bacon schlangenförmig mit um die Tomaten wickeln.

2 | Über direkter, mittlerer Hitze 5 Minuten lang grillen, bis der Bacon leicht knusprig geworden ist.

3 | Auf Salat anrichten und mit Olivenöl, Essig und Pfeffer verfeinern.

SATTMACHER

Hähnchen

4 Portionen

2 kleine Grillhähnchen à ca. 1000 g

4 EL BBQ Rub für Huhn (Rezept Seite 131)

Olivenöl

Zubereitung

1 | Die Hähnchen gründlich waschen und trockentupfen.

2 | Überschüssige Haut oder Fett entfernen.

3 | Von innen und außen dünn mit Olivenöl einreiben und mit dem BBQ Rub würzen.

4 | Im Kühlschrank ca. 1 Stunde ziehen lassen.

5 | Auf ausreichend große Spieße, am besten Doppelspieße, stecken.

6 | Über direkter niedriger Hitze von allen Seiten sanft anrösten, dabei häufig drehen und wenden.

7 | Ca. 1 Stunde garen, bis die Haut knusprig und das Hähnchen gar ist, die Kerntemperatur sollte zum Servieren mindestens 76 °C betragen.

TRAMONTINA
INOX STAINLESS

Asiatische Sate
MIT ERDNUSSSAUCE

4 Portionen

800 g Putenbrust

3 EL asiatische Gewürzmischung

300 ml Erdnusssauce (siehe rechte Spalte)

Frühlingszwiebeln

Zubereitung

1 | Das Fleisch in gleichmäßig große Stücke schneiden.

2 | Mit der Gewürzmischung vermengen und für ca. eine Stunde im Kühlschrank marinieren.

3 | Das Fleisch auf die Spieße stecken und über direkter, hoher Hitze für ca. 5–8 Minuten von allen Seiten stark anrösten und garen.

4 | Mit Frühlingszwiebeln garnieren und der Erdnusssauce servieren.

REZEPT ERDNUSSSAUCE

100 g Erdnussbutter

100 g Kokosmilch

200 ml Gemüsefond

1 Chilischote

1 TL Sesamöl von geröstetem Sesam

Limettensaft

Salz und Pfeffer

Zubereitung

1 | Erdnussbutter, Kokosmilch und Fond in einen Topf geben und kurz aufkochen lassen.

2 | Die Chilischote putzen und kleinschneiden, mit in den Topf geben.

3 | 5 Minuten köcheln lassen und dann mit Sesamöl, Limettensaft, Salz und Pfeffer abschmecken.

Schmeckt kalt und warm.

Hähnchen

MIT ALABAMA WHITE SAUCE

4 Portionen

800 g ausgelöste Hinterkeulen

3 EL Cajun BBQ Rub (Rezept Seite 134)

400 ml Alabama White Sauce (siehe unten)

Zubereitung

1 | Das Hähnchenfleisch in gleichmäßig große Stücke schneiden.

2 | Mit dem BBQ Rub würzen und für eine Stunde im Kühlschrank marinieren.

3 | Das Fleisch auf die Spieße stecken und über direkter, hoher Hitze von allen Seiten anrösten und ca. 10 Minuten lang garen (Kerntemperatur mind. 76 °C).

4 | Dann die Spieße in den indirekten Bereich des Grills legen und rundherum mit der Alabama White Sauce bestreichen.

5 | Für weitere 5 Minuten garen und mit der restlichen Sauce zum Dippen servieren.

REZEPT ALABAMA WHITE SAUCE

300 ml Mayonnaise
100 ml Apfelessig
2 EL geriebener Meerrettich
Salz und Pfeffer
1 TL Chilipulver
Saft einer Limette

Mayo, Essig und Meerrettich in einer Schüssel miteinander vermengen. Mit Salz und Pfeffer würzen und mit Chili und Limettensaft abschmecken.

Kaninchenkeulen

4 Portionen

- 4 Hasen- oder Kaninchenkeulen
- 100 ml Olivenöl
- 4 Knoblauchzehen
- 1 Chilischote
- 5 Zweige Rosmarin
- 5 Zweige Thymian
- 2 Wacholderbeeren
- 1 TL Salz
- 1 TL Pfeffer, gestoßen
- 2 Lorbeerblätter
- Abrieb einer Zitrone

Zubereitung

1 | Knoblauch und Chilischote in kleine Stücke schneiden und mit den anderen Zutaten in einen Ziplock-Beutel geben.

2 | Alles gut miteinander vermengen und über Nacht im Kühlschrank marinieren.

3 | Die Keulen aus dem Beutel nehmen und abtropfen lassen.

4 | Auf große Spieße stecken und über direkter, mittlerer Hitze leicht anrösten und garen.

5 | Dabei mehrmals drehen und wenden.

6 | Die Keulen zwischendurch mit dem Öl aus der Marinade bestreichen, das sorgt für noch mehr Geschmack.

7 | Die Kerntemperatur sollte zum Servieren zwischen 60 und 65 °C liegen.

Lammhack-
SPIESS

4 Portionen

800 g Lammhackfleisch

1 Knoblauchzehe

1 Zwiebel

1-2 Chilischoten

1 Msp. Cumin

20 ml Olivenöl

Salz und Pfeffer

Zubereitung

1 | Zwiebel und Knoblauch schälen und fein reiben.

2 | Mit dem Hackfleisch in eine Schüssel geben.

3 | Chili fein hacken und mit dem Olivenöl zum Fleisch geben.

4 | Mit Salz, Pfeffer und Cumin würzen, alles gut miteinander vermengen und 5 Minuten lang kräftig kneten.

5 | Für 4 Stunden im Kühlschrank marinieren.

6 | In vier Teile teilen und gleichmäßig um den Spieß kneten und zu einer Rolle formen.

7 | Mit etwas Öl bestreichen und auf dem Grill über direkter, hoher Hitze scharf anrösten und medium grillen.

Dazu passt Fladenbrot und Tzatziki.

Lammfleisch-SPIESS

4 Portionen

800 g Lammfleisch aus der Keule

50 ml Olivenöl

1 TL Rosmarin, getrocknet

1 TL Pfeffer, gestoßen

2 Knoblauchzehen

1 Chilischote

1 TL Salz

Zubereitung

1 | Das Fleisch in Stücke schneiden.

2 | Knoblauch und Chili in kleine Stücke schneiden und mit Olivenöl, Rosmarin, Salz und Pfeffer zu einer Marinade verarbeiten.

3 | Das Fleisch in die Marinade geben und alles gut miteinander vermengen.

4 | Für mindestens 4 Stunden im Kühlschrank ziehen lassen.

5 | Das Fleisch mitsamt der anhaftenden Marinade auf Spieße stecken.

6 | Über direkter, mittlerer Hitze von allen Seiten anrösten und 5–10 Minuten garen, dabei sollte das Fleisch leicht rosa bleiben.

7 | Die angestrebte Kerntemperatur liegt bei ca. 60 °C.

Mit Tzatziki oder Joghurt mit Minze und Limettensaft servieren.

Dönen

4 Portionen

1 kg Lammschulter ohne Knochen
2 große Zwiebeln
3 Knoblauchzehen
30 ml Olivenöl
1 Chilischote
Salz und Pfeffer

ZUSÄTZLICH
Salat
Tzaziki
Dönerbrot oder Kräuterfladen

Zubereitung

1 | Die Lammschulter in dünne Scheiben schneiden und in eine Schüssel geben.

2 | Eine Zwiebel und den Knoblauch fein reiben und hinzufügen.

3 | Die Chilischote fein hacken und zum Fleisch geben.

4 | Mit Olivenöl, Salz und Pfeffer würzen und alles gut miteinander vermengen.

5 | Über Nacht im Kühlschrank marinieren.

6 | Die zweite Zwiebel schälen, halbieren und eine Hälfte auf einen großen Spieß stecken.

7 | Dann die Fleischscheiben nacheinander, möglichst gleichmäßig, aufspießen, abschließend die zweite Hälfte der Zwiebel auf den Spieß stecken.

8 | Über direkter, hoher Hitze von allen Seiten anrösten und immer wieder fertige Portionen herunterschneiden und heiß mit Brot, Salat und Tzatziki servieren.

Diesen Vorgang so lange wiederholen, bis das Fleisch verbraucht und aufgegessen ist.

Forellen

4 Portionen

4 Forellen

4 EL Mayonnaise

4 EL Fisch Rub (Rezept Seite 132)

Zubereitung

1 | Die Fische waschen und trockentupfen.

2 | Innen und außen dünn mit der Mayo einreiben und mit dem Rub würzen.

3 | Für ca. 1 Stunde im Kühlschrank ziehen lassen.

4 | Jeweils eine Forelle auf einen ausreichend großen Spieß stecken.

5 | Dabei den Spieß seitlich am Fleisch an den Gräten entlang führen, damit der Fisch gut darauf hält.

6 | Über direkter, mittlerer Hitze ca. 10 Minuten garen, dabei mehrfach wenden.

Mit Zitrone und etwas Brot servieren.

Glasierte Lachsspiesse

MIT ASIATISCHEM KRAUTSALAT

4 Portionen

600 g Lachsfilet ohne Haut und Gräten
2 EL Olivenöl
1 milde Chilischote
etwas frischer Koriander
1 EL asiatische Gewürzmischung
50 ml Teriyaki-Sauce
2 EL Honig
1 EL Meerrettich

Zubereitung

1 | Den Lachs in gleichmäßig große Stücke schneiden und mit dem Olivenöl in der Gewürzmischung in einer Schüssel gut vermengen.

2 | Chilischote und Koriander fein hacken und dazugeben.

3 | Abgedeckt im Kühlschrank eine Stunde marinieren.

4 | Den Lachs auf Spieße stecken und über niedriger, direkter Hitze kurz anrösten.

5 | Teriyaki-Sauce, Honig und Meerrettich vermischen und die Spieße auf dem Grill damit glasieren.

6 | Dabei mehrmals wenden und nochmals glasieren.

7 | Nach 5–10 Minuten sind die Spieße auch schon fertig.

ASIATISCHER KRAUTSALAT

- 500 g Weißkohl
- 2 Karotten
- 2 milde Chilischoten
- 2 Lauchzwiebeln
- 1 Knoblauchzehe
- ½ Bund Koriander
- Salz und Pfeffer
- 3 EL Sonnenblumenöl
- 2 EL Sojasauce
- 2 EL süßer Reisessig
- 1 TL Sesamöl aus geröstetem Sesam
- 1 TL Ingwer, frisch gerieben
- Saft von 1–2 Limetten
- 2 EL Zucker

1 | Weißkohl und Karotten putzen und in feine Streifen schneiden oder hobeln.

2 | Lauchzwiebeln, Chilischoten, Knoblauch und Koriander in feine Stücke schneiden und zum Kohl geben.

3 | Die restlichen Zutaten hinzufügen und alles gut miteinander vermengen.

4 | Für eine Stunde ziehen lassen und mit Salz, Pfeffer und Limettensaft abschmecken.

Seeteufel-SCHASCHLIK

4 Portionen

400 g Seeteufelfilet

2 rote Zwiebeln

8 Aprikosen

Salz und Pfeffer

Zubereitung

1 | Seeteufel in gleichmäßige Stücke schneiden und mit Salz und Pfeffer würzen.

2 | Aprikosen halbieren und entkernen.

3 | Zwiebeln in passende Stücke schneiden.

4 | Fisch, Zwiebel und Aprikose abwechselnd auf Spieße stecken und über direkter, mittlerer Hitze von allen Seiten anrösten und garen.

Mit gegrilltem Pak Choi und etwas Baguette servieren.

Surf & Turf
SPIESSE

4 Portionen

400 g Steak ohne Fettrand

400 g Garnelen, roh, geschält und entdarmt

30 ml Olivenöl

Salz und Pfeffer, grob

1 Knoblauchzehe

1 Chilischote

Zubereitung

1 | Das Steak in gleichmäßig große Stücke schneiden, passend zu der Größe der Garnelen, damit die Garzeit ungefähr gleich ist.

2 | Knoblauch und Chili fein hacken und alle Zutaten in einer Schüssel miteinander vermengen.

3 | Im Kühlschrank abgedeckt für ca. 30 Minuten marinieren.

4 | Steak und Garnelen abwechselnd auf die Spieße stecken und über direkter, hoher Hitze für insgesamt ca. 5 Minuten von allen Seiten anrösten und garen.

Dazu etwas gegrilltes Baguette und Kräuterbutter servieren.

Rosenkohl-
BACON-SPIESSE

4 Portionen

500 g Rosenkohl

ca. 300 g Bacon in Scheiben (je Rosenkohl eine Scheibe)

50 ml Olivenöl

1 Knoblauchzehe, fein gerieben

1 TL Salz

1 TL Pfeffer, geschrotet

1 Msp. Muskatnuss

Zubereitung

1 | Den Rosenkohl putzen und den Strunk leicht einschneiden.

2 | In gesalzenem Wasser ca. 5 Minuten kochen.

3 | In der Zwischenzeit das Öl mit den Gewürzen und dem Knoblauch mischen und zu einer Marinade verrühren.

4 | Den Rosenkohl abgießen und abtropfen lassen, dann noch heiß in die Marinade geben und unterheben.

5 | Ca. 1 Stunde ziehen lassen.

6 | Jeden Rosenkohl mit jeweils einer Scheibe Bacon umwickeln und auf Spieße stecken.

7 | Im indirekten Bereich ca. 20 Minuten bei 200–220 °C garen, bis der Bacon knusprig ist.

GLASIERTER Schweinebauch mit Cole Slaw

4 Portionen

ca. 800 g Schweinebauch ohne Schwarte

2 Zwiebeln

2 EL BBQ Rub für Schwein (Rezept Seite 132)

300 ml BBQ Sauce

100 ml Ahornsirup

1 EL Chilipulver

Zubereitung

1 | Den Schweinebauch und die Zwiebel in gleichmäßig große Stücke schneiden.

2 | In eine Schüssel geben und mit dem BBQ Rub würzen.

3 | Im Kühlschrank für ca. 1 Stunde marinieren.

4 | Fleisch und Zwiebeln abwechselnd auf Spieße stecken und über direkter, mittlerer Hitze von allen Seiten anrösten und langsam garen.

5 | In der Zwischenzeit die BBQ Sauce, Ahornsirup und Chilipulver miteinander vermischen.

6 | Die Spieße mit der Sauce einstreichen und im indirekten Bereich des Grills fertiggaren.

Mit etwas Cole Slaw und der restlichen Sauce servieren.

COLE SLAW

	Dressing
600 g Weißkohl	100 g Mayonnaise
200 g Karotten	100 ml Schlagsahne
100 g Staudensellerie	3 EL Apfelessig
4 Lauchzwiebel, fein gehackt	2 EL Limettensaft
1 Chilischote	50 g Zucker
Salz und Pfeffer	

1 | Weißkohl und Karotten putzen und grob reiben.

2 | Lauchzwiebeln, Chilischote und Sellerie putzen und in feine Stücke schneiden.

3 | Alle Zutaten, auch für das Dressing, in eine Schüssel geben und gut miteinander vermischen.

4 | Für mindestens 2 Stunden ziehen lassen und mit Salz, Pfeffer, Zucker und Limettensaft abschmecken.

Taco al Pastor

4 Portionen

- **1 kg Schweinenacken**
- **Rote Chilimarinade (Rezept rechts)**
- **1 Ananas**
- **16 Tortillas, 120 mm Durchmesser**
- **Koriander**
- **2 rote Zwiebeln**
- **1 Kopf Salat**
- **Limetten**

ROTE CHILIMARINADE

- **1 Tomate (mittelgroß)**
- **3 Knoblauchzehen**
- **3 Chilis**
- **2 EL Achiote-Paste**
- **2 EL Apfelessig**
- **1 TL Chipotle**
- **1 TL Cumin, gemahlen**
- **1 TL Oregano**
- **½ TL Salz**
- **½ TL Pfeffer**

Zubereitung

1 | Alle Zutaten für die rote Chili-Marinade in einen Mixer geben und zu einer Marinade verarbeiten, Tomate, Chili und Knoblauch natürlich vorher putzen, bzw. schälen.

2 | Den Schweinenacken in dünne Scheiben schneiden und in einer Schüssel mit der Marinade vermischen. Für ca. 24 Stunden im Kühlschrank marinieren.

3 | Die Ananas schälen und quer halbieren. Zuerst eine Hälfte der Ananas aufspießen, dann möglichst gleichmäßig das Fleisch und abschließend die zweite Hälfte der Ananas.

4 | Über direkter, hoher Hitze anrösten und immer wieder Portionen mit einem scharfen Messer herunterschneiden und servieren.

5 | Der Rest kommt zurück auf den Grill, und das Procedere wird so lange wiederholt, bis alles aufgegessen ist.

6 | Alles anrichten als Taco mit Salat, roter Zwiebel, etwas Ananas, Koriander und einem Spritzer Limette.

Geflügelleber
MIT APRIKOSEN

4 Portionen

600 g Geflügelleber

2 Zwiebeln

20 getrocknete Aprikosen

150 ml Portwein

1 TL getrockneter Thymian

Salz und Pfeffer

Zubereitung

1 | Die Geflügelleber putzen und in gleichmäßig große Stücke schneiden.

2 | Zwiebeln schälen, vierteln und die Segmente in Stücke trennen.

3 | Jetzt alle Zutaten in eine Schüssel geben und gut miteinander vermengen.

4 | Im Kühlschrank ca. 4 Stunden marinieren.

5 | Leber, Aprikosen und Zwiebel abwechselnd auf Spieße stecken.

6 | Über direkter, mittlerer Hitze rosa grillen, dabei mehrmals wenden.

Schaschlik

4 Portionen

800 g Schweinerücken

je 1 rote, grüne und gelbe Paprikaschote

3–4 kleine Zwiebeln

2 Knoblauchzehen

1 EL Salz

1 TL Pfeffer

1 EL Paprika, edelsüß

1 TL getrockneter Thymian

1 Msp. Chilipulver

2 EL Öl

Zubereitung

1 | Das Fleisch in gleichmäßig große Würfel schneiden, Kantenlänge ca. 2,5 cm.

2 | Paprikaschoten und Zwiebeln putzen und in passende Stücke schneiden.

3 | Knoblauch fein hacken und mit den übrigen Zutaten in eine Schüssel geben.

4 | Alles gut miteinander vermischen und für 1 Stunde im Kühlschrank ziehen lassen.

5 | Fleisch, Zwiebeln und Paprikastücke abwechselnd auf Spieße stecken.

6 | Über direkter, mittlerer Hitze von allen Seiten anrösten und ca. 10 Minuten lang garen.

7 | Dann im indirekten Bereich des Grills ca. 5 Minuten lang ruhen lassen.

Mit Brot und Ketchup oder Senf servieren, passt bei jeder Grillparty.

Pommesbuden SCHASCHLIK

4 Portionen

1 kg Schweinenacken

4 EL BBQ Rub für Schwein (Rezept Seite 132)

4 Zwiebeln

1 rote Paprikaschote

500 ml Paprikasauce ungarische Art (Rezept Seite 103 unten)

500 ml Tomatenketchup

200 ml Rinderfond

Zubereitung

1 | Den Schweinenacken in ca. 4 x 4 cm große Stücke schneiden.

2 | Das Fleisch mit dem BBQ Rub würzen und ca. eine Stunde im Kühlschrank marinieren.

3 | Die Zwiebeln schälen und vierteln.

4 | Paprikaschote putzen und in gleichmäßige Stücke schneiden.

5 | Paprikasauce mit Ketchup und Rinderfond vermengen.

6 | Fleisch, Paprika und Zwiebeln abwechselnd auf Spieße stecken und auf dem Grill von allen Seiten über mittlerer, direkter Hitze anrösten.

7 | Dann die Spieße in eine geeignete Edelstahlschale legen und die Sauce darüber geben.

8 | Die Schale im indirekten Bereich des Grills platzieren und für ca. 2 Stunden bei ca. 150 °C garen.

9 | Die Spieße mit etwas Sauce und selbstgemachten Pommes Frites und Mayo servieren.

REZEPT PAPRIKASAUCE UNGARISCHE ART

2 große Zwiebeln
1 rote Paprikaschote
1 grüne Paprikaschote
3 Knoblauchzehen
1 scharfe Chilischote
2 EL Olivenöl
500 ml passierte Tomaten

3 EL Ajvar
je 1 TL Basilikum, Rosmarin und Thymian, getrocknet
2 EL Zucker
Weißweinessig
Salz und Pfeffer

1 | Zwiebeln, Paprikaschoten, Chili und Knoblauch in kleine Stücke schneiden, in einem Topf mit dem Olivenöl leicht anschwitzen.

2 | Passierte Tomaten und Kräuter dazugeben und aufkochen lassen.

3 | Für 15 Minute sanft köcheln und mit Zucker, Essig, Salz und Pfeffer abschmecken. Schmeckt warm und kalt, perfekt zum Grillen.

Russisches SCHASCHLIK

4 Portionen

1 kg Schweinenacken
300 g Zwiebeln
300 g Tomaten
½ – 1 TL Thymian, abgezupft
1 EL Basilikum, grob gehackt
3 Lorbeerblätter
15 g Salz
Pfeffer
Chilipulver
3 EL Essigessenz
100 ml Mineralwasser

Zubereitung

1 | Zwiebeln in Scheiben, Tomaten in kleine Würfel schneiden und Kräuter fein hacken.

2 | Mit den restlichen Zutaten, mit Ausnahme des Fleischs, in eine Schüssel geben und alles 5 Minuten mit den Händen kneten.

3 | Das Fleisch in Würfel schneiden, in die entstandene Marinade geben und untermischen.

4 | Über Nacht im Kühlschrank marinieren.

5 | Das Fleisch auf ausreichend große Spieße stecken, Zwiebeln können gerne mit drauf.

6 | Über direkter, hoher Hitze von allen Seiten anrösten und fertig garen.

Mit etwas Brot servieren.

RHÖNER Groggen

4 Portionen

- 800 g Schweinenacken
- 3 EL Tomatenmark
- 1 kleine Zwiebel
- 3 Knoblauchzehen
- 50 g Mayonnaise
- 2 Lorbeerblätter
- 3 Wacholderbeeren, gestoßen
- 1 EL Salz
- 1 TL Pfeffer, gestoßen

Zubereitung

1 | Das Fleisch in Stücke schneiden und in eine Schüssel geben.

2 | Knoblauch und Zwiebel schälen und fein reiben.

3 | Alle Zutaten zum Fleisch geben und gut miteinander vermengen.

4 | Abgedeckt über Nacht im Kühlschrank marinieren.

5 | Das Fleisch auf Spieße stecken und über direkter hoher Hitze 5–10 Minuten grillen.

Mit Brot und Senf servieren.

Mutzbraten

4 Portionen

1 kg Schweinenacken

1 EL Salz

1 TL Pfeffer, geschrotet

2 EL Thymian, getrocknet

Zubereitung

1 | Den Schweinenacken in faustgroße Stücke schneiden und von allen Seiten mit Salz, Pfeffer und Thymian würzen.

2 | Abgedeckt für ca. 2 Stunden im Kühlschrank ziehen lassen.

3 | Das Fleisch auf Spieße stecken und über direkter, niedriger Hitze ca. 1 Stunde garen, dabei mehrmals wenden.

Wird traditionell mit Sauerkraut und Senf serviert.

BBQ PORK VOM SPIESS

mit gefüllten Paprika

2 Portionen

4 extragroße, lange Spieße

1 Schweinenacken, ca. 2 kg

8 EL BBQ Rub für Schwein
(Rezept Seite 132)

300 ml BBQ Sauce

Zubereitung

1 | Den Schweinenacken längs in vier gleichgroße Stücke schneiden und rundherum mit dem BBQ Rub würzen.

2 | Für ca. 1 Stunde im Kühlschrank marinieren.

3 | Die Stücke jeweils einzeln auf den Spieß stecken und über direkter, niedriger Hitze von allen Seiten langsam anrösten und garen.

4 | Dabei immer wieder drehen und wenden, das kann locker 30–40 Minuten dauern.

5 | Dann das Fleisch mehrmals von allen Seiten mit der Sauce bestreichen und zu Ende garen.

6 | Das Fleisch vom Spieß nehmen und in dünne Scheiben schneiden.

GEFÜLLTE PAPRIKA

2 Paprikaschoten, gelb oder rot
1 rote Zwiebel
1 Tomate
1 Lauchzwiebel
1 Knoblauchzehe
8 schwarze Oliven
1 Chilischote
½ Bund Basilikum
¼ Avocado
2 EL Olivenöl
Saft einer Limette
Salz und Pfeffer

1 | Paprikaschoten halbieren und entkernen, den Strunk aber an der Schote lassen.
2 | Die anderen Zutaten in kleine Stücke oder Ringe schneiden.
3 | In einer Schüssel mit Olivenöl und Limettensaft vermischen und mit Salz und Pfeffer würzen.
4 | Die Mischung in die ausgehölten Paprikahälften geben.
5 | Den Grill auf ca. 180 °C einregeln und die Paprika 15–20 Minuten indirekt garen.

Entenbrust-PICANHA

4 Portionen

4 Entenbrüste

Salz

Zubereitung

1 | Die Entenbrüste in ca. 3 cm dicke Streifen schneiden und halbrund gebogen, mit der Haut nach außen, auf die Spieße stecken.

2 | Mit Salzflocken würzen und über direkter, hoher Hitze von allen Seiten stark anrösten.

3 | Dann in den indirekten Bereich des Grills legen und medium garen.

4 | Die Spieße vom Rost nehmen und ca. 3 Minuten ruhen lassen.

Tipp

Serviert wird die Entenbrust mit etwas Brot und Kräutersauce oder Sweet Chilisauce.

Picanha
MIT CHIMICHURRI

4 Portionen

1 Tafelspitz mit Fettauflage (Picanha)

Salz

Chimichurri (Rezept Seite 137)

Zubereitung

1 | Den Tafelspitz in ca. 5 cm dicke Streifen schneiden.

2 | Seitlich auf große Spieße stecken, dabei die Fettauflage außen positionieren.

3 | Das Fleisch salzen.

4 | Über direkter, hoher Hitze rundherum scharf anrösten und für ein paar Minuten garen.

5 | Dann vom Grill nehmen und mit einem scharfen, langen Messer dünne Tranchen vom Fleisch abschneiden.

6 | Den Rest des Fleisches wieder etwas salzen und auf dem Grill weitergaren.

7 | Wenn das Fleisch wieder kross angegrillt ist, erneut eine Lage herunterschneiden und den Rest wieder auf den Grill legen.

8 | Und das Ganze immer so weiter, bis das Fleisch weg ist.

OLIVER SIEVERS

Gyros

4 Portionen

1 kg Schweinenacken

200 ml Joghurt, 10 %

4 EL Gyros Rub (Rezept Seite 133)

4 Knoblauchzehen

1 Chilischote

2 große Zwiebeln

Dönerbrot

Tzatziki

Krautsalat

Zubereitung

1 | Den Schweinenacken in dünne Scheiben schneiden.

2 | Knoblauch fein reiben, Chili fein hacken.

3 | Joghurt, Gewürz, Knoblauch und Chili in eine Schüssel geben und zu einer Marinade vermengen.

4 | Das Fleisch gleichmäßig mit der Marinade bestreichen und abgedeckt im Kühlschrank über Nacht ziehen lassen.

5 | Eine Zwiebel halbieren, die andere in dünne Scheiben schneiden.

6 | Zuerst eine halbe Zwiebel auf einen großen Spieß stecken, dann die Fleischscheiben, zwischendurch eine Scheibe Zwiebel.

7 | Abschließend die zweite Hälfte der Zwiebel auf den Spieß stecken.

8 | Über direkter, hoher Hitze von allen Seiten anrösten und ein paar Minuten garen.

9 | Dann immer wieder Portionen herunterschneiden und servieren, den Rest zurück auf den Grill geben und immer so weiter vorgehen, bis alles aufgegessen ist.

Zum Servieren in einem geviertelten Fladenbrot mit gemischtem Salat, Krautsalat und Tzatziki anrichten.

Bratwurstspiesse

MIT ZWIEBELN UND BACON

4 Portionen

4 frische Bratwürste

4 Zwiebeln

8 Scheiben Bacon

200 ml Balsamicoessig

Zubereitung

1 | Die Zwiebeln schälen und vierteln.

2 | In eine Schüssel geben und mit dem Balsamicoessig übergießen.

3 | Für 2 Stunden im Kühlschrank marinieren.

4 | Die Wurst in Stücke schneiden und abwechselnd mit den Zwiebelstücken auf die Spieße stecken, dabei den Bacon schlangenförmig um die Wurst und Zwiebel legen.

5 | Über mittlerer, direkter Hitze für ca. 10 Minuten grillen und ordentlich anrösten.

Mit etwas Senf und Brot servieren.

Bratwurstschnecken

4 Portionen

4 Bratwurstschnecken à ca. 150 g

1 EL Mayonnaise

6 EL groben Senf

1 TL geschroteter Pfeffer

2 Knoblauchzehen

Zubereitung

1 | Die Bratwurstschnecken auf ausreichend große Doppelspieße stecken und über direkter hoher Hitze von beiden Seiten leicht anrösten.

2 | Den Knoblauch schälen, fein reiben und mit Mayo, Senf und Pfeffer zu einer Creme vermengen.

3 | Die Bratwurstschnecken von beiden Seiten damit bestreichen und über direkter Hitze 5–10 Minuten garen, dabei mehrmals wenden.

Mit Senf und Brot servieren.

HANKOOK
BBQ WIESEL
#WIESELPOWER

WAS SÜSSES

Apple Candy BACON

4 Portionen

4 Äpfel, z. B. Elstar oder Pink Lady

16 Scheiben Bacon

100 g brauner Zucker

1 Msp. Zimt

100 g Aprikosenmarmelade

Zubereitung

1 | Die Äpfel schälen, entkernen und vierteln.

2 | Mit Zimt und Zucker in einer Schüssel vermischen und 15 Minuten ziehen lassen.

3 | Dann die einzelnen Viertel mit je einer Scheibe Bacon umwickeln und immer vier Stück auf einen Spieß stecken.

4 | Über direkter, hoher Hitze von beiden Seiten anrösten und garen.

5 | Vor dem Servieren die Spieße noch mit etwas Marmelade bestreichen und kurz auf dem Grill karamellisieren.

Dazu passt eine Kugel Eis.

Flambierte Ananas

MIT MASCARPONECREME

4 Portionen

1 Ananas

50 g brauner Zucker

½ TL Chilipulver

50 ml Rum

300 g Mascarpone

4 Passionsfrüchte

50 ml Ahornsirup

etwas Limettensaft

Zubereitung

1 | Ananas schälen, die holzige Mitte entfernen und das Fruchtfleisch in Stücke schneiden.

2 | In einer Schüssel mit dem braunen Zucker und Chilipulver vermischen und ca. 15 Minuten ziehen lassen.

3 | In der Zwischenzeit Mascarpone mit dem Fruchtfleisch der Passionsfrüchte vermengen und mit dem Limettensaft und Ahornsirup abschmecken.

4 | Die Ananasstücke auf Spieße stecken und über direkter, mittlerer Hitze von allen Seiten leicht anrösten.

5 | Dann vorsichtig den Rum über die Spieße geben und die Spieße damit flambieren, der Alkohol entzündet sich an der Flamme im Grill, also sehr vorsichtig sein.

Die Spieße mit der Creme servieren.

Obstspiesse

MIT VANILLE-SAUCE

4 Portionen

800 g Obst, am besten Steinobst,
z. B. Pfirsich, Apfel, Birne, Aprikosen,
oder Ananas, Mango und Kiwi

50 g brauner Zucker

wahlweise 50 g Pistazien

Zubereitung

1 | Das Obst putzen und in gleichmäßige Stücke schneiden.

2 | Mit etwas Zucker in eine Schüssel geben und für 15 Minuten ziehen lassen.

3 | Abwechselnd auf Spieße stecken und über direkter, mittlerer Hitze von allen Seiten ein paar Minuten grillen, bis der Zucker karamellisiert ist.

Mit etwas Vanille-Sauce oder -Eis und wahlweise gehackten Pistazien servieren.

RUBS

Man kann hervorragende und bereits fertiggemischte Rubs von den verschiedensten Firmen im Handel kaufen. Wenn man allerdings Lust darauf hat, sich selbst ein wenig auszuprobieren, habe ich hier einige erprobte Rezepte zusammengestellt.

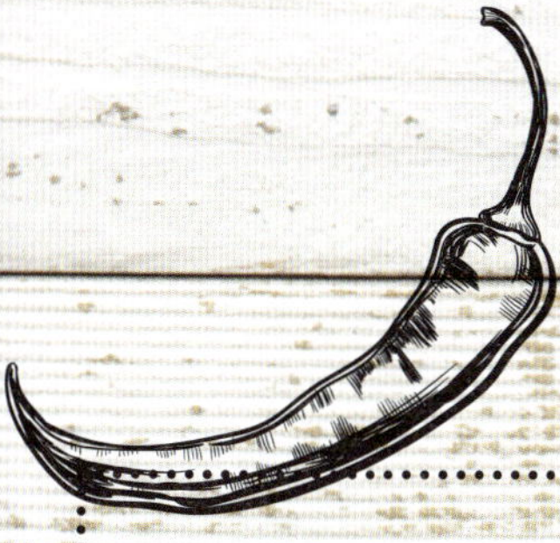

Asiatische Gewürzmischung

1 TL Koriandersamen

1 TL Ingwerpulver

2 TL Fünfgewürz

1 TL Zwiebelpulver

1 TL Knoblauchpulver

1 TL Chiliflocken

1 TL schwarzer Pfeffer

1 TL Szechuan Pfeffer

1 TL Zitronengraspulver

2 TL Salz

6 TL Zucker

Coffee RUB

8 EL Kaffeebohnen, frisch gemahlen

5 EL brauner Zucker

1 EL Salz

1 EL schwarzer Pfeffer, frisch gestoßen

1 EL Cayennepfeffer

BBQ RUB für Chicken

5 EL Paprikapulver, edelsüß

3 EL Salz

2 EL schwarzer Pfeffer, frisch gemahlen

2 EL Zwiebelpulver

2 EL Knoblauchpulver

1 EL Oregano, getrocknet

1 EL Thymian, getrocknet

1 EL Cayennepfeffer

BBQ RUB für Schwein

6 EL brauner Zucker

2 EL Salz

4 EL Paprikapulver, edelsüß

1 EL Pfeffer, geschrotet

1 EL Zwiebelpulver

1 EL Knoblauchpulver

1 TL Chilipulver

1 TL Oregano

1 TL Cumin

Fisch RUB

2 TL Meersalz

2 TL schwarze Pfefferkörner, grob gestoßen

1 TL Fenchelsaat

1 TL Paprikapulver, scharf

1 TL Kreuzkümmelsamen

1 TL Chiliflocken

1 TL Koriandersamen, grob gemahlen

1 TL rote Pfefferkörner, grob gestoßen

BBQ RUB für Rind

6 EL Meersalz

5 EL Pfeffer, grob zerstoßen

2 EL Oregano, getrocknet

2 EL Knoblauch, granuliert

1 EL Cumin

Wild-Gewürzmischung

3 EL Paprika

1 EL Piment

2 EL Pfeffer

2 EL Salz

1 EL Cayennepfeffer

1 EL Majoran

2 EL Thymian

1 EL Rosmarin

1 EL Zwiebelpulver

2 EL Wacholderbeeren, frisch gemahlen

1 TL Muskat, frisch gemahlen

1 EL brauner Zucker

2 TL Kümmel, gemahlen

Gyros Rub

3 EL Oregano, getrocknet

3 EL Thymian, getrocknet

1 EL Rosmarin, getrocknet

1 EL Majoran, getrocknet

2 EL Salz

2 EL schwarzer Pfeffer, frisch

2 EL Paprika rosenscharf

1 EL Zucker

2 EL Zwiebeln, granuliert

2 EL Knoblauch, granuliert

1 EL Korianderpulver

1 EL Cumin, gemahlen

Magic Dust Meine Version

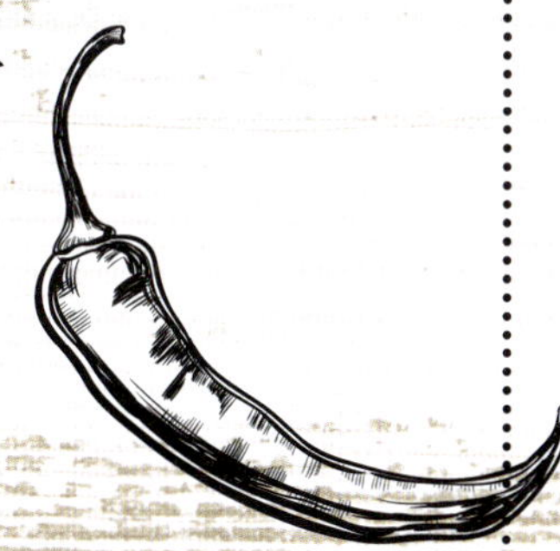

4 EL Paprika, süß

4 EL Salzflocken

4 EL brauner Zucker

2 TL schwarzer grober Pfeffer

1 EL Chilipulver

1 EL Cumin

1 EL Knoblauch, granuliert

1 TL Senfpulver

Kräuter RUB

3 EL grobes Meersalz

2 EL geschroteter Pfeffer

2 EL Estragon, getrocknet

2 EL Oregano, getrocknet

2 EL Dill, getrocknet

2 EL Thymian, getrocknet

2 EL Rosmarin, getrocknet

1 EL Knoblauchflocken

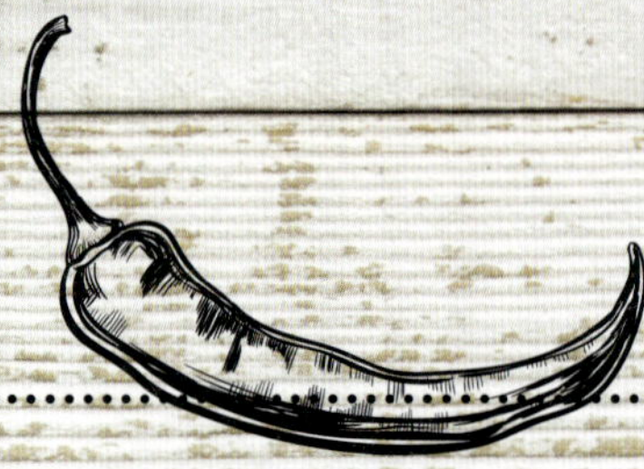

Hot & Spicy

2 TL Chilipulver

2 TL grobes Meersalz

2 TL brauner Zucker

2 TL geräuchertes Paprikapulver

1 TL Thymian, getrocknet

2 Knoblauchpulver

1 TL Cumin

1 TL schwarzer Pfeffer, geschrotet

Cajun RUB

5 EL grobes Meersalz

3 EL schwarzer Pfeffer, geschrotet

2 EL Zwiebelgranulat

2 EL brauner Zucker

2 EL Thymian, getrocknet

1 EL Knoblauch, granuliert

1 TL Cayennepfeffer

Oliver
SIEVERS

SAUCEN UND DIPS

1

CHIMICHURRI

1 Bund Petersilie

1 kleine rote Zwiebel

2 Knoblauchzehen

1 EL Oregano, getrocknet

1 EL Thymian, getrocknet

1 TL Chiliflocken

100 ml Olivenöl

20 ml Weißweinessig

1 Lorbeerblatt

1 milde Chilischote

Salz und Pfeffer

Saft einer Limette

Zubereitung

Zwiebel, Petersilie, Knoblauch und Chili sehr fein hacken und mit den anderen Zutaten vermengen.

Mit Salz, Pfeffer und Limettensaft abschmecken.

Vor dem Verzehr mindestens 1 Stunde ziehen lassen.

Chimichurri hält sich im Kühlschrank mindestens 1 Woche.

2

CHILI-CHEESE-SAUCE

25 g Butter

1 TL Mehl

100 ml Milch

100 g frische, in kleine Stücke geschnittene Jalapeños

50 g Frischkäse

100 g geriebenen Cheddar

1 TL Chilipulver

1 TL geräuchertes Paprikapulver

Salz und Pfeffer

Zubereitung

Die Butter und das Mehl in einen Topf geben und eine Mehlschwitze ansetzen.

Nach dem Anrösten das Mehl mit der Milch ablöschen, die übrigen Zutaten hinzufügen und alles ein paar Minuten lang zu einer cremigen Sauce köcheln.

3

BBQ-AIOLI

200 ml Mayonnaise

4 Knoblauchzehen, gerieben

1 EL geräuchertes Paprikapulver

Salz und Pfeffer

Saft einer Limette

Zubereitung

Die Mayo mit Knoblauch und Paprika vermengen.

Mit Salz, Pfeffer und Limettensaft abschmecken.

4

GRÜNES PESTO

2 Bund frisches Basilikum

60 g Pinienkerne, in einer Pfanne ohne Fett leicht angeröstet

3 Knoblauchzehen

50 g Parmesan, frisch gerieben

50 ml gutes Olivenöl

1 rote Chilischote (optional)

Salz und Pfeffer

Zubereitung

Knoblauch, Pinienkerne, Parmesan und Basilikum mit etwas Salz in einen Mörser geben und alles zu einer Paste verarbeiten.

Olivenöl dazugeben und mit Salz und Pfeffer abschmecken.

Ich gebe noch gerne eine in feine Ringe geschnittene rote Chilischote dazu, sie peppt die ganze Sache ordentlich auf.

5

CAROLINA-MUSTARD-SAUCE

200 g mittelscharfer Senf

60 g Honig

50 ml Apfelessig

3 EL Ketchup

20 g brauner Zucker

10 ml Chilisauce (z. B. Tabasco)

20 ml Worcestershire Sauce

Salz und Pfeffer

Zubereitung

Alle Zutaten in eine Schüssel geben und mit einem Mixer oder Schneebesen gut miteinander vermengen.

Mit Salz und Pfeffer abschmecken.

Am besten schon am Vortag zubereiten, dann schmeckt die Sauce deutlich runder und besser.

Im Kühlschrank hält sie sich mehrere Wochen.

6

PORTWEIN-ZWIEBELN

400 g rote Zwiebeln, in feine Ringe geschnitten

50 g Butter

100 ml Portwein

Salz und Pfeffer

2–3 EL Rotweinessig

Waldhonig

30 g brauner Zucker

Zubereitung

Die Zwiebeln in einem Topf mit etwas Butter anschwitzen und mit dem Portwein ablöschen.

Sanft für 10–15 Minuten weiterschmoren und mit Salz, Pfeffer, Essig, Honig und etwas braunem Zucker abschmecken.

7

WHISKEY-BUTTER

1 Knoblauchzehe

200 g Butter, zimmerwarm

3 EL Whiskey nach eigenem Geschmack

2 EL Honig

Salz und Pfeffer

Zubereitung

Den Knoblauch fein hacken.

Die Butter mit dem Whiskey, dem Knoblauch und dem Honig vermengen und mit Salz und Pfeffer abschmecken.

8

PICO DE GALLO

200 g Tomaten

2 grüne Paprikaschoten

1 rote Zwiebel

3 Knoblauchzehen

2 Chilischoten

½ Bund Koriander

½ Bund glatte Petersilie

50 ml Olivenöl

Saft von 2 Limetten

Salz und Pfeffer

Zubereitung

Tomaten, Paprika und Zwiebel in kleine Würfel schneiden.

Kräuter, Knoblauch und Chili fein hacken und zum Gemüse geben.

Mit Olivenöl vermischen und mit Salz, Pfeffer und dem Limettensaft kräftig abschmecken

9

MISSISSIPPI COMEBACK SAUCE

100 ml Olivenöl

100 ml milde Chilisauce

100 ml Tomatenketchup

250 ml Mayonnaise

2 EL Worcestershire Sauce

2 EL Senf

1 kleine Zwiebel

2 Knoblauchzehen

Saft einer Limette

Salz und Pfeffer

Zubereitung

Zwiebel und Knoblauch schälen und vierteln.

Alle Zutaten in einen Mixer geben und pürieren.

Mit Salz und Pfeffer abschmecken.

Im Kühlschrank hält sie sich mehrere Wochen.

Oliver
SIEVERS
BBQ and more

Vielen Dank!

Das Schreiben eines Buches, auch wenn es nur ein Grillbuch mit Rezepten ist, bedeutet eine Menge Arbeit.

Das Entwickeln und Ausprobieren der Rezepte, unzählige Stunden am Grill und am Rechner – es steckt einfach viel Arbeit und Zeit darin.

Aber genau deshalb will ich mich bei meinen Partnern und Unterstützern bedanken.

Beim Heel Verlag für die Möglichkeit, mich zu verwirklichen, bei Christine und Volker für die Unterstützung und die tollen Bilder, und natürlich bei Tramontina für die Spieße und das Zubehör, mit dem das Grillen richtig viel Spaß gemacht hat. Einen besonderen Dank auch an Monic und Philipp für die Hilfe beim Shooting.

Der größte Dank geht an meine langjährige Lebensgefährtin Angela, die immer hinter mir steht, mich unterstützt und mir hilft, mich inspiriert, an mich glaubt und mir die Freiheit gibt, das zu tun, was mir Spaß macht.

#loveyourlife

Euer Olli